chat

kedi

lapin

tavşan

chien

köpek

poussin

civciv

canard
ördek

mouton

koyun

chèvre
keçi

cochon

domuz

âne

eşek

cheval

at

vache

inek

souris

fare

chauve-souris

yarasa

abeille

arı

araignée

örümcek

renard

tilki

cerf

geyik

écureuil

sincap

hérisson

kirpi

hibou

baykuş

grenouille

kurbağa

serpent

yılan

raton laveur

rakun

perroquet

papağan

toucan

tukan

alligator

timsah

tortue de mer

deniz kaplumbağası

flamant rose

flamingo

pingouin

penguen

crabe

yengeç

méduse

denizanası

phoque

fok

requin

köpek balığı

baleine

balina

orque

katil balina

étoile de mer
denizyıldızı

rhinocéros

gergedan

panda

panda

singe

maymun

lion

aslan

tigre

kaplan

éléphant

fil